AF324429

# MADAME LA MARQUISE DE BOYNES

Qui trouvera la femme forte, se demande Salomon, au livre des Proverbes. *Mulierem fortem quis inveniet?* Ce trésor est rare dans le monde, et quand il s'y rencontre, on ne le connaît bien que lorsqu'il a disparu.

L'humilité le cache pendant la vie, il est juste que la reconnaissance le montre après la mort.

Une nombreuse assistance, composée du clergé de la contrée, des plus nobles familles du Perche, et de la population de Bellavilliers toute entière, se pressait le mardi 22 octobre dans l'église de cette paroisse, pour rendre les derniers devoirs à Madame la Marquise de Boynes. La vie de cette grande chrétienne avait été à Dieu, aux œuvres et à sa famille.

Mademoiselle Ernestine-Marie Pélisson de Gênes naquit à Mamers, le 15 novembre 1813, d'une des plus nobles et des plus religieuses familles du pays.

Son grand père, M. Pélisson de Gênes, lieutenant général des bailliages de Mamers, fut député à l'Assemblée constituante. Son père exerça pendant de longues années les fonctions d'adjoint à Mamers. Directeur de l'Hôtel-Dieu et président du Bureau de Bienfaisance, il se fit toujours remarquer par sa charité compatissante et par son extrême obligeance à l'égard de ceux qui recouraient à ses services ou à son influence. Mme de Gênes ne le cédait en rien à son mari dans la pratique de toutes les vertus et ils étaient dignes d'avoir des enfants assez bien doués de la nature pour profiter de leurs leçons et de leurs exemples. Cette grâce leur fut accordée. La jeune Ernestine se montra de bonne heure charitable comme son père et profondément pieuse comme sa mère.

Dès son enfance elle avait une grande compassion pour les malheureux. Elle donnait tout ce qu'elle possédait et l'on était parfois obligé d'empêcher les pauvres de l'aborder pour ne pas contrister son cœur en le resserrant dans les bornes d'une sage et prudente générosité.

A l'âge de 11 ans, Ernestine fut atteinte d'une ophtalmie aigüe, des plus dangereuses, dont le traitement long et douloureux retarda pour elle le jour tant désiré de sa première Communion. Ses parents désolés la conduisirent à Paris chez un célèbre spécialiste qui parut désespérer de la guérir. Sans perdre confiance ils allèrent demander à Dieu le remède que l'homme était impuissant à donner. On fit de ferventes prières au tombeau de sainte Geneviève et la jeune malade pria avec toute l'ardeur d'un cœur pur et d'une foi naïve. Le troisième jour d'une médication à laquelle le docteur lui-même n'avait qu'une médiocre confiance elle se trouva guérie complètement et pour toujours en sortant de l'église de Saint-Étienne-du-Mont. Elle conserva toute sa vie une vive reconnaissance envers la patronne de Paris ; elle faisait un fréquent usage des eaux du puits de Nanterre et lorsqu'elle tenait une petite fille sur les fonts du baptême elle ne manquait pas de lui donner le nom de Geneviève.

Elle se fit inscrire au nombre des dames de sainte Geneviève et son plus grand bonheur lorsqu'elle pouvait se rendre à Paris, était d'aller prendre part aux solennités qui se font chaque année à la fête de sa céleste bienfaitrice.

De retour à Mamers, Ernestine se prépara avec une grande ferveur à sa première communion.

Tout en continuant ses aumônes ordinaires, elle prit un soin particulier des jeunes filles pauvres qui devaient prendre part avec elle au divin banquet. Elle disposa même d'un joli cadeau qu'on lui avait fait, et qu'elle eût été heureuse de conserver, afin d'habiller une de ses compagnes. Depuis cette époque, la sainte Messe et la communion furent comme le centre de sa vie, l'Eucharistie fit épanouir en son cœur les plus éclatantes vertus.

Aussi son père, craignant qu'elle ne se donnât à Dieu dans la vie religieuse voulut pendant son éducation l'éloigner de tout ce qui aurait pu favoriser une vocation qui l'aurait enlevée à sa tendresse. Malgré ces précautions qui eussent pu être funestes à sa jeune âme, M<sup>lle</sup> Pélisson conserva toute la vigueur de sa piété. Aussi quand elle revint dans la maison paternelle, après avoir été témoin à Paris des désordres occasionnés par la Révolution de Juillet, elle avait acquis une maturité précoce qui excitait l'admiration de sa famille et de ses voisins.

Mariée à 19 ans à M. le Marquis de Boynes, alors lieutenant de frégate, elle trouva en lui pendant les 57 ans qu'ils ont vécu ensemble, non-seulement un admirateur, mais encore un collaborateur zélé de toutes ses bonnes œuvres.

Elle fit pendant quatre ans encore, auprès de sa pieuse mère l'apprentissage de la vie réelle. Son temps était partagé entre la prière et le travail. Elle se levait de grand matin, faisait sa méditation, assistait à la sainte messe sans jamais y manquer et rentrait à la maison pour donner ses ordres aux gens de service et se mettre elle-même à l'ouvrage, trouvant toujours qu'elle avait trop peu de temps à consacrer aux pauvres et aux églises. Tous les vendredis elle faisait son chemin de croix et si elle prévoyait que des devoirs de famille l'empêcheraient dans la journée de se rendre à l'église, elle s'acquittait de cette dévotion avant la première messe. Elle faisait aussi sans scrupule mais avec une parfaite exactitude, toutes les prières des confréries auxquelles elle avait donné son nom. Tertiaire de saint François, elle observa la règle de cet ordre avec ponctualité. Toute dévouée au Sacré-Cœur, elle ne manquait jamais de communier le vendredi. Plus tard elle établit à Bellavilliers l'Apostolat de la prière, et chaque mois, elle distribuait elle-même les billets-images aux membres de cette pieuse association.

Madame la Marquise de Boynes donna l'exemple de la plus parfaite régularité à suivre les offices de sa paroisse. Son respect pour le prêtre était profondément religieux et sa foi éclairée lui faisait voir Jésus-Christ dans tous ses ministres, depuis le Souverain Pontife jusqu'au jeune séminariste qui portait l'habit ecclésiastique. Les prêtres et les clercs qui ont été chargés de l'éducation de ses enfants et petits enfants, seraient unanimes à témoigner des attentions dont elle les entourait pendant leur séjour au château de Bellavilliers.

Les RR. PP. Jésuites, soldats de l'avant-garde, avaient ses prédilections et toutes les fois que l'occasion s'en présentait, surtout dans ses dernières années, elle leur manifestait son admiration et ses sympathies.

Monsieur le Curé de Notre-Dame de Mamers lui avait confié l'entretien d'une chapelle de son église. Elle la fit décorer, l'enrichit de deux belles statues de sainte Anne et de sainte Geneviève, et pendant de longues années elle l'orna avec un goût délicat, de ses propres mains. Pendant les jours qui précédaient le mois de Marie et la fête du T. S. Sacrement, son salon se transformait en un vaste atelier où les Dames de Mamers venaient avec bonheur, travailler sous son intelligente direction, pour la Sainte Vierge et pour Notre-Seigneur.

Comprenant toute l'importance d'une bonne mère dans la famille, elle obtint la fondation d'une congrégation de Mères chrétiennes dans la ville de Mamers.

C'était en 1857. Le moment était bien choisi. Les expéditions de Kabylie et la guerre d'Italie retenaient loin de leurs foyers un grand nombre de jeunes gens. Depuis quatre ans déjà, M<sup>me</sup> de Boynes connaissait, par sa propre expérience, les angoisses d'une mère qui sait un de ses enfants exposé sur les champs de bataille.

On s'unit, on pria et Dieu ramena à leurs parents tous les jeunes gens de Mamers sains et saufs. Le caractère aimable et ferme de M<sup>me</sup> la Marquise, sa bienveillante politesse, ses délicates prévenances, lui avaient concilié tous les cœurs. Aussi, quand en 1869, il lui fallut quitter sa ville natale, ce fut un cri unanime de regrets et les touchantes manifestations dont elle fut l'objet, firent comprendre le vide qu'elle laissait dans la société de Mamers. Elle souffrit plus que tous les autres de cette séparation. Mais le devoir lui imposait ce sacrifice, elle l'accepta sans murmurer.

A Bellavilliers, elle connut bientôt le chemin qui conduit à la chaumière du malade et de l'indigent, et l'on apprit que la Providence avait envoyé un Ange consolateur dans la contrée. Les enfants eurent une large part à sa sollicitude.

Elle eût voulu les voir tous s'enrôler dans l'œuvre de la Sainte-Enfance ; et elle payait elle-même la cotisation de ceux qui n'avaient pas le moyen de fournir leur petit sou chaque mois.

A l'époque de la première communion elle habillait les pauvres, et ne manquait pas de leur recommander de se préparer soigneusement à ce grand acte.

Le jour de cette pieuse cérémonie tous les enfants de la paroisse étaient invités à dîner au château et traités comme des princes, par respect pour N. S. qui s'était donné à eux. Ils se retiraient heureux, emportant avec leur cachet de communion un scapulaire et d'autres objets de piété, souvenirs précieux de la bonne Marquise.

Au jour de l'an, tous recevaient leurs étrennes, et elle savait toujours les distribuer de façon à récompenser le travail et à encourager la vertu.

Cependant, le champ de son zèle était moins vaste qu'à Mamers. Elle en profita pour se replier du côté de sa famille qui devenait de jour en jour plus nombreuse. Malgré son amour de mère, elle s'était imposée de dures séparations pour confier l'éducation de ses trois fils aux RR. PP. Jésuites et celle de sa fille aux Dames du Sacré-Cœur.

Il fallait, comme aujourd'hui, aller chercher en exil le bienfait d'une éducation patriotique et chrétienne. Son fils aîné fut envoyé pendant neuf ans à Brugelette, et si les autres y demeurèrent moins longtemps, c'est que la fondation du collège de Vaugirard permit aux parents de rappeler leurs enfants.

Qu'il dut en coûter à son cœur maternel pour supporter ces longues absences. Pendant la guerre de 1870, ce fut un nouveau martyr.

N'y tenant plus, elle fit long et pénible voyage au travers des lignes ennemies pour se rendre à Laval et porter ses félicitations et ses encouragements à son fils aîné, capitaine des mobiles qui se distingua par sa bravoure et la sagesse de son commandement. Couvert de lauriers, portant la croix sur sa poitrine, il revint auprès d'elle pour ne plus la quitter.

Mais d'autres douleurs attendaient la courageuse chrétienne.

La maladie de l'un, l'éloignement forcé des autres, furent pour elle autant de cruelles épreuves. Elle ne murmura point, et ne chercha point ses avantages personnels. « Le bien de mes enfants avant tout », telle était sa devise.

La mort de son premier petit-fils, Robert, qu'elle aimait en vraie grand'mère, lui fut très sensible.

Agé de 12 ans seulement, il donnait de si belles espérances !

Dieu sut la dédommager de cette perte. Trois de ses petits-enfants, élevés sous ses yeux, témoins de ses exemples, se sont donnés à Dieu. Pendant les cruelles souffrances de sa dernière maladie, sa grande consolation était de porter ses regards mourants sur le crucifix et de les abaisser sur les photographies de ses deux jésuites et de sa religieuse du Sacré-Cœur.

Chacun des membres de sa famille avait tout son cœur, et on n'était pas ingrat à son égard. Elle se souvenait de tous les anniversaires, et les cadeaux les plus délicatement choisis, apportaient à chacun la preuve de son affection maternelle. Sa joie était au comble, lorsque chaque année, ses enfants et petits-enfants, réunis au château de Bellavilliers, offraient le spectacle charmant d'une famille chrétienne dont les membres, parfaitement unis, s'ingéniaient à faire plaisir à leurs vertueux parents.

Cependant, les années s'étaient accumulées. M. le marquis et M^me la marquise de Boynes virent arriver le jour de leurs noces d'or.

Ce fut pour toute la famille, une occasion de manifester solennellement leur affection et leur estime pour les auteurs de leurs jours.

La fête fut splendide.

Depuis lors, sept années se sont écoulées. Dieu a exaucé les souhaits de la dernière fête, mais il n'a pas tardé à envoyer l'épreuve. De longues et pénibles souffrances vont achever de rendre cette âme conforme à son Divin Maître. Tant qu'elle put se faire transporter à l'église, elle y trouva le Divin Consolateur, mais pendant les deux dernières années, elle dut y renoncer. C'était pour elle une immense privation.

Les communions devinrent nécessairement plus rares. Aussi, fut-elle au comble du bonheur quand Monseigneur, au mois de mai dernier, eut la bonté de lui permettre d'avoir de temps en temps la messe dans ses appartements.

Sa Grandeur daigna elle-même offrir le Saint Sacrifice deux fois en sa présence. Lorsque la bonne marquise parlait de cette insigne faveur, elle exprimait, les larmes aux yeux, sa vive reconnaissance. Sa grande préoccupation pendant sa dernière maladie, était la difficulté qu'elle éprouvait à faire à Dieu le sacrifice de sa vie.

Que de fois elle en a renouvelé la formule, avec une expression touchante de foi et de résignation. Elle disait : « Je ne sens pas que ce soit sincère ». Son cœur ne pouvait oublier ceux qu'elle aimait et il lui semblait qu'elle ne se résignait pas à les quitter, à leur dire le suprême adieu.

Un de ses petits-fils, disciple de saint Ignace, exprime parfaitement l'état de cette âme qu'il connaissait intimement : « Sa grande douleur, » était de ne pas pouvoir faire assez pour Jésus. » Sa santé était si délicate, si ébranlée par les » dernières secousses, qu'elle n'avait plus la » force de prier comme autrefois. Elle attribuait » cela à la froideur, quand en réalité, elle méritait » aux yeux de Dieu, plus que jamais ».

Les dernières paroles de M<sup>me</sup> la Marquise sont le résumé complet de ses courageuses luttes contre la nature : « Mon Dieu, je veux tout, » j'accepte tout, je fais le sacrifice de tout ».

Déjà plusieurs fois, le Sacrement d'Extrême-Onction lui avait rendu assez de santé pour lui permettre, tout en restant sur la croix, de vaquer à ses occupations ordinaires.

Cette fois encore, il nous fut donné pendant un jour, d'espérer un semblable résultat. Il plut à

Dieu d'en disposer autrement, et bientôt la maladie reprit un caractère si alarmant, qu'il n'y eut plus de doute sur l'issue fatale.

Elle avait demandé au Sacré-Cœur de mourir un vendredi. Son désir a été exaucé.

Après avoir assisté le matin à la Sainte Messe avec un recueillement profond, et reçu pour la seconde fois le Saint Viatique, elle sentit ses souffrances redoubler. Enfin, vers deux heures de l'après-midi, entourée de sa famille, de son confesseur, de son médecin et des religieuses qui lui avaient prodigué leurs soins, elle rendit doucement son âme à Dieu.

Elle a reçu sa récompense.

Elle nous laisse l'exemple de ses vertus.

E. B.

MAMERS. — TYP. DE G. FLEURY ET A. DANGIN. — 1889.